금강 순례

심지시선 039

금강 순례

2018년 10월 15일 초판 1쇄 발행

지은이 임비호
퍼낸이 윤영진
편 집 함순례
디자인 한천규
펴낸곳 도서출판 심지
등록 제2003-000014호
주소 34570 대전광역시 동구 대전천북로 12
전화 042 635 9942
팩스 042 635 9941
전자우편 simji42@hanmail.net

ISBN 978-89-6627-159-7 03810

* 저자와의 협의에 의해 인지를 생략합니다.
* 이 책은 세종특별자치시와 세종시문화재단의 지원금을 받았습니다.

심지시선 039

금강순례

임비호 시집

심지

□ 시인의 말

처음 금강에 나갔을 때
보이는 것은 쓰레기였다

하루 이틀 저 멀리,
하중도에 물새들이 보이고
물억새 높다란 강길에는
개개비 소리가 들리기 시작하였다

여울을 타고 넘는 물방울 소리가
시원하다 느낄 때 포크레인 굉음이
금강에 울려 퍼지기 시작하였다

아픈 금강을 보기 위해 걸었는데
어머니 품 같은 생명의 고향을 만나게 되었다

소용돌이 속 금강과 나를 남기고 싶었다

상처는 아물어 가고 있는데
아직도 금강에는 슬픔이 흐르고 있다

2018년 가을
임비호

차례

제2부 사람이 흐르는 금강

제3부 내 맘에 흐르는 금강

제1부
산그늘에 숨 쉬는 금강

다시 고개를 들어

당연한 것에는
그 누구도 고마워할 줄 모른다
어린 아이에게
엄마의 젖가슴이 당연하듯이
늘 곁에서
부는 바람, 흐르는 강, 푸른 산들도,
우리에게는 당연한 세상이었다

자연의 젖가슴이 마르기 시작한 날,
당연함의 공식이 하나둘씩
깨져 나가는 것을 우리는 보았다

편리의 풍요로움에
생명의 그물코가 녹아 뜯어진 자리엔
알 수 없는 판도라 상자가 열렸다

황금 꽃의 아름다움에 등수를 매기고
도시의 정원수를 자연이라고 강요할 때

우리는 점점
생명의 숨결을 잃어버린 미아가 된다

늘 당연한 것이
꼭 당연하지 않을 수 있다는
신호탄이 날리는 날,
우리는
고개를 들어
터진 생명의 상처를 꿰매야 한다
막힌 숨통을 뚫어야 한다

뜸봉샘*

주름진 할미 할배를 태운
무진장 시골 버스는
쪽빛 하늘 아래를 지나고
어설픈 화장기 어린 수분리 공소는
늘어진 장수 사과 우두커니 쳐다보는데,

물뿌랭이 마을로 시집 온 새댁은
덧없이 세월을 흘려보내고
신무산 중턱, 뜸봉샘은
천리 금강 첫물을 흘려보낸다

서해 바다 넓은 세상 아는지 모르는지
장독대 정화수 하나 올리고
내 자식 잘되길 비는
시골 아낙의 맘으로
마른 계곡에
소 눈물만큼의 생명 씨앗을 떨군다
〉

천리 금강 첫물, 뜸봉샘!
이 작은 옹달샘 물빛에서
하늘과 바다를 잇는
생명의 방앗간 첫 문패가 걸린다

* 뜸봉샘 : 금강 천리 발원지로 전북 장수군 신무산 중턱에 있다.

봄까치꽃

아직도 마른 풀잎이
찬바람에 날리는
강둑을 걷다 보면
입가에 미소를 짓게 하는
철부지 봄까치꽃 축제장을 만난다

아무도 구경 오지 않아도
초등 신입생 놀이하듯
스스로 즐거워
하늘빛 미소를 짓는
봄까치꽃 무더기 향연을 본다

거짓 훈풍에 속아
풋사랑 열정만으로
마른 풀잎 아래 숨어
불장난 하는 꽃들
소꿉 놀이터에 한없이 빠진다
〉

매일 매일 강둑을 걷다보면
물정 모르는 어린 자식을 보듯
겨울인지, 봄인지 상관없이
고추 자랑에만 몰두하는 봄까치꽃에
가슴 아파
먼 하늘에 눈을 주곤 한다

죽도竹島*의 봄

산 그림자 드리운
평지 마을 앞개울은
아직도 겨울의 끝을 잡고
찬 호흡을 하는데

사람 평등의 뜻을 품은
죽도竹島
아지랑이 머금은 실바람은
좁쌀 햇살 한 줌으로
하늘 내 갯버들을 깨워
옹알이 미소 짓게 한다

물오르는 층층나무 뺨 위에
불그스름 부끄럼이 내리니
우리는
물때 냄새 자욱한
죽도竹島에서
속삭이는 푸른 숨소리를 듣는다

* 죽도 : 전북 진안군 상전면 수동리 내송 부락에 있다.

강가에 서서

볏짚 녹아
흙빛 물 담은 논두렁 지나
물억새 마른 강가에 서니
봄바람이
버드나무 여린 새싹을 피우고
사내 가슴에 잊었던 그리움도 깨운다

부르지도 않았는데
첫사랑 꼬마 아가씨 싱그런 미소가
중년을 뚫고 살며시 찾아온다

사람의 정을 잃어버린 가슴에
또 다시 사랑하고픈
뜨거움이 한없이 올라온다

연둣빛 새싹 자지러지게 피어나는
강가에 서니
첫사랑, 그 이름

물결을 타고 온다

데미샘*가는 길

느티나무 문양 그윽한
반월 마을 지나
4월의 햇살에
황금 버드나무 가지들 엉켜 있는
오솔길을 따라 오른다

텅 빈 하늘에
물이끼는 더욱 진하고
조릿대는 바람에 흔들리는데
천상데미*를 바라보는
샘물은 하염없이 물길을 만든다
내리사랑으로
바위에 부딪쳐 부서지면서도
아래로 아래로 흐른다

하늘에 오르는 봉우리에서
나 홀로 오를 수 없다고
늙은 어머니 젖가슴 같은

대지의 뭇 생명을 위해
굽이굽이 흘러
비로소 바다를 만나
바람길 따라 오르는 하늘 길을 만든다

내리사랑의 천상 지혜를
가진 데미샘이
사람에게, 사람들에게
거짓 마음 버리고
더불어 사는 마음 길 열라 한다

* 데미샘 : 데미샘은 섬진강의 발원지이다. 데미는 더미의 전라도 사투리이다.
* 천상데미 : 데미샘에서 바라보면 위에 있는 봉우리이다.

금강 생태 탐사대

금강 천리 길을 일주일에 한번
자연스레 걸어 봅니다

자연이 좋아 이 산 저 산 돌아
자연의 향을 쫓아가는 논산 처자 윤샘과
자연을 닮아 몸체, 마음체가 담백한 조자룡 전샘과
자연을 동화로 풀어내는 청양의 에디슨 복샘이 있어
자연스레 즐거움도 더해 가지요

자연이 뿜어내는 쉼 없는 기운 받아
자연을 주인공으로 설파하는 커리어우먼 최샘과
자연의 오묘한 맛을 풍기는 호박돌 이샘과
자연이 주는 특명을 관철하려는 금산의 이장 최샘이 있어
자연스레 평화도 얻어가지요

자연의 서촌 소식을 전하려는 가창오리 동네 최샘과
자연의 본부장으로 복무하는 옥천 동네 대장 주샘과
자연의 숨겨진 흔적을 그려내는 생태사단 최샘이 있어

자연과 함께하고 싶은 금강 생태 탐사대는
자연에 대한 사랑 더욱 더 크게 느낄 수 있지요

자연의 깊은 뜻을 알고 싶은 금강 생태 탐사대는
자연이 베푸는 배려에 감사할 줄 알고,
자연에게 인간의 욕심으로 상처 줌에 아파하며
자연이 용서할 때까지 속죄의 제사를 드려야겠지요
자연을 죽이려는 음모에
자연을 대신해 당당하게 맞서고,
자연과 진정한 화해가 될 때까지
자연이 자연으로 될 때까지 우리는 걸어야지요

일주일에 한번
자연의 금강을 걷는 날이 되면…

치유

남을 눌러야만 살 수 있는 경쟁 마법에 걸려
하루하루 숨 가쁘게
순환 버스에 올랐던 나는 환자입니다

욕심이라는 병원균에 감염되어
지쳐 쓰러질 때까지
하루하루 정신없이 채우려 했던 나는 병자입니다

몸이 아프면 병원에라도 가지만
마음이 헤매니 삶의 자리가 없습니다
이제 남을 눌러야만
살 수 있다는 마법을 풀 해독제를 찾고 싶습니다
욕심이라는 병균에 대항하는 면역체를 찾아야 합니다

강둑을 걷다 보면
하늘을 날아다니는 물새는
해독제를 찾지도 않고 높이높이 오르고
강가에 들풀은

면역체가 무엇인지도 모른 채 꽃을 피웁니다

가치와 가격의 혼돈 속에 아파하는 나는
하늘을 나는 새와 들에 핀 꽃들과 동무합니다
강물을 따라 걷습니다

너덜바위 소담길

용담의 슬픈 전설을 삼킨
섬바위* 돌아
산자락 너머 너머
감동마을로 가자면
금강이 숨겨 논
신비스런 너덜바위 소담길이 있다

금강물 돌다 하늘로 흩어지니
너덜바위 생기 돋아
바위솔 풍성하고 부처손 키운다

진달래 꽃잎 사이
아침 햇살 번지니
돌 틈 사이
일엽초는 숨바꼭질하고
늙은 고목 누운 곳에
딱정벌레들 운동회 연다
〉

섬바위 돌아
산자락 너머 너머
별빛 쏟아지는
감동마을로 가자면
금강의 슬픈 전설을 빚는 사람들이
하나 둘 모여 순박하게 만든
원시 숲, 너덜 숲길이 있다

* 섬바위 : 용담댐 아래 진안군 부남면에 있다. 옛날 애국가 배경으로 유명한 곳이다.

대소리* 세월교

열네댓 살,
자궁에 꽃이 피기 시작한
풋과일빛 싱그런 얼굴
금강의 봄처녀 모습을
보고 싶다면
대소리 세월교에
발을 담고 고개를 들어보라

잠자던 겨울 강물
활기차게 여행을 하다가
버드나무 무성한 웅덩이에
마을 흔적 살짝 남기고,
저녁 햇살에
하얀 몸살 드러내는 갈대들
휘휘 돌아
힘차게 전진하는
대소리 세월교에 서면
이팔청춘

젊은 금강을 만날 수 있다

* 대소리 : 진안에서 무주로 들어서는 부소면에 있는 마을.

대유리* 한반도 꿈길

비단길 금강이 허락해야 볼 수 있는
성역聖域이 있다면
그곳은 아마도 대유리 한반도 꿈길일 게다

물이 숲에 머물고, 산이 물을 먹으니
멀리 보면 한반도요 걸어가면 차마고도
머무르면 들풀 봄 잔칫상이다

물길과 산길이 만나
꿈속에서라도 보고 싶던
도솔천이 거기 있었다

남이 알면 훔쳐갈까 홀로 가슴에 담아
사랑하는 사람에게만
몰래 보여주고 싶은 길이다

산나물 캐는 아낙네의 전설이
흐릿하게 살아 있는

각시 바위 옛길을 걷고 있으면
금강이 허락해야만
만날 수 있는 한반도 꿈길이 보인다

* 대유리 : 무주군 부남면에 있는 마을.

잠두마을* 꽃물길

검푸른 강물 위에
하늘빛 높이 흐르고
시린 하늘빛 아래
흙빛 병풍 벗 삼은
천태만상 봄 빛깔
황홀한 꽃물길 흘러라

연노랑 새순과
짙푸른 버들잎 사이로
흰 갈대 흔들리니
강물은 흥에 겨워 춤추고
조팝꽃 흐드러진 산자락과
검고동 흙길 사이로
연분홍 산벚꽃,
진분홍 복사꽃 피어나니
나의 마음
유혹하는 꽃물길 흘러라
〉

잠두마을 떠나기 싫어
다시 보는 뒤안길에는
진달래 봄 잔치와
산수국 가을 축제 사이로
아이들의 해맑은 웃음이 흐르고
하늘빛 달그림자 사이로
애반디 불빛이 흘러라

* 잠두마을 : 무주군 부남면에 있는 마을.

강가를 걸어 보아라

강가를 걸어 보아라
한 발 더 내려 강가를 걸어 보아라
돌멩이 뒹굴고
물웅덩이 지저분한 모퉁이
가장자리를
산등성도 버리고 물길들도 흘리고 간
쓸모없는 땅이라 하여 그런 줄만 알았다

강가를 걸어 보아라
갈대 조각들 널려
질퍽질퍽한 적갈색 강가를 걸어 보아라
물웅덩이 사이사이
언제 부서질지 모르는 놀이터에서
새싹들이 자라나고,
소금쟁이 물 위를 뛰어 노니
바로 이곳이 생명의 공장이라고
누가 가르쳐 주지 않아도 알게 될 것이다
〉

강가를 걸어 보아라
돈벌이로 보지 말고, 놀이동산으로 보지 말고
함께 살아가야 할 친구,
또 다른 나로 보고 걸어 보아라
개발업자들이 놓치고 간
생명을 품고 있는 어머니를 만날 수 있을 것이다
춤을 추는 자연 공동체를 느낄 수 있을 것이다

강가를 걸어 보아라
누가 말하지 않아도
가르쳐 주지 않아도 걸음걸음 알게 될 것이다

금강 섬마을

산다는게 무엇인지 갈길바빠 마음바빠
뒤돌아볼 겨를없이 숨가쁘게 달려가다
앞섬에는 슬픔하나 뒷섬에는 설움하나
남기고만 떠났구나 남기고만 떠났구나

돌아보면 안타깝고 후회해도 서러웁고
그렇게도 앞만보고 젊은시절 달렸구나
떠난세월 후회되어 돌아보고 돌아봐도
설움많은 그리움만 쌓였다가 흩어진다

갈길바빠 사랑한번 주지못한 내도리*가
무에그리 정신없어 손길못준 외도리*가
혼자서도 기다리고 외로워도 참아내어
아름다운 비단금강 지켜내는 백미됐네

한낮에는 푸른하늘 한밤에는 반딧불빛
강물에는 감돌고기 산속에는 산철쭉이
마을에는 사람내음 농가에는 땀내음이

산들에는 어울림이 세월에는 너덜비경

* 내도리(앞섬), 외도리(뒷섬) : 금산면과 경계인 무주군 무주읍에 있다.

방우리*

굽이굽이 천리 길 걸어가다
강물도 힘이 드나
잠시 쉬어 갈 곳 만들었네

햇볕 한 줌 땅 남겨 놓고
물 담으로 휘감아 돌아
길목에는 촛대 바위 보초 세워
쉬어 갈 곳 만들었네

구름 따라 돛단배 노를 젓고
잔잔한 물속에는 감돌고기 왔다 갔다
홍매화 흙담 너머 웃음꽃 짓는 마을

실그림자 펄럭이는 텃밭 사이로
우체부 혼자 오토바이 굉음을 내며 지나가고
한없는 세월을 삼킨 정적만이
향기를 피워 올리는 동네
〉

굽이굽이 천리 길 잔잔하게 걸어가다
금강도 힘이 드나
햇볕 한 줌 땅,
방우리에 쉬어 갈 곳 만들었네

* 방우리 : 충남 금산군 부리면에 있다.

농원마을*

강바람 맞으며
습지 푯말 서 있는
피난민들이 모여 만든
금강의 오지 마을

징으로 바위 뚫어
물길을 바꿔 일군
작은 방우리 농원 마을에는
살아야 하는 일념으로
흩어진 돌을 이고 나르는
여인네의 속울음이
영화 '쌀' 로 대신 상영되고,

사람 떠난 그때부터
강변 별나게 널린 주먹돌이
물방울 재주넘는 여울과
더 푸르러지는 앞산을 데리고
금강의 남겨진 기억을 촬영하고 있다

〉

마을길 따라 걸으며
우리는
금강의 어제와 내일을 보여주는
영화 두 편을 감상하고 있다

* 농원마을 : 충남 금산군 부리면 방우리는 두 마을이 있는데 그 중 작은 방우리를 말한다.

적벽강*이 흐른다

강물이 흐른다
적벽강 무너진 담벼락들이
한 모금 물을 마실 때까지 기다리며 흐른다
잔여울에서 심호흡 한번 하고 가는지 마는지 흐른다

가는지 마는지 흘러도
바위산을 가르니 적벽강 언저리엔 피울음이 남아 있다
적벽강 바위산에 비경으로 살아 있다

강물이 흐른다
수통리 제방 안뜰이
한 모금 물을 마실 때까지 엷고 넓게 흐른다
제방 안뜰에서 심호흡 한번 하고 있는지 없는지 흐른다

있는지 없는지 흘러도
물 흙을 가르니 수통리* 안마을엔 삶의 젖줄이 남아 있다
제방 안뜰에 베풂과 나눔의 마음으로 살아 있다
〉

강물이 흐른다
수통리 모퉁이 앞산이
한 모금 물을 마실 때까지 천천히 깊게 흐른다
앞산 모퉁이에서 심호흡 한번 하고 쉬는지 자는지 흐른다

쉬는지 자는지 흘러도
산그늘 잡아 비추니 수통리 모퉁이엔 물고기 피난 동굴이 남아 있다
안식과 휴식의 상징으로 살아 있다

* 적벽강 : 충남 금산군 부리면에 있다.
* 수통리 : 적벽강이 있는 지역 행정명이다.

평촌*에서 쓰는 편지

희푸른 구름이 흘러 흘러
늘푸른 산들이 숨을 쉬듯
짙푸른 숲들이 흘러 흘러
검푸른 강물이 넘실 대듯

고운빛 은모래 흘러 넘어
그리운 고향이 되어 지고
울엄마 주름살 깊이 흘러
너와나 우리들 되어 간다

산내들 맘같이 정이 흘러
조용한 평촌엔 삶이 피고
강바람 갈바람 그늘 잡아
정자엔 그리움 쌓여 진다

산내들 걸어갈 사람들아!
반딧불 다슬기 흙 내음이
더불어 살아갈 희망 편지

가슴속 깊숙이 담아 가세

* 평촌 : 금산면 부리면 마을.

송호림* 단상

사람들이 자랑하는
찬란한 문명과 화려한 문화가
어쩌면 하늘땅이 만든
태고 지형에서 노는 소꿉장난일지 몰라

마고할미 사는 대간이
멀리 보이고
노송이 말없이 서 있는 송호림 그늘에서
흐르는 금강을 바라보자니

낮은 곳을 찾아가는 물길이
산자락 멀리 있어
머무르다
북으로 돌아 흘러
태고의 지형을 만들고
그 위에
물 생명들 집을 지었다
〉

흘러넘친 모래흙에 삶의 터전 일궈
마을도 생겨나니
아낙들 수다 속에 선녀 전설 이어지고
선비들 도포 끝엔 풍류 풍악 흘렀다

양산 팔경 비경들이,
이태백에 버금가는 시조들이
물길 지혜에서 태어났거늘
탐욕자 맘속에는 뺏고 채우려는
정복자의 깃발만이 펄럭인다

송호림 그늘에서
흐르는 금강을 바라보자니
사람들이 자랑하는
찬란한 문명과 화려한 문화가
어쩌면 하늘땅이 만든
태고 지형에서 노는 소꿉놀이일지 몰라

* 송호림 : 충북 영동군 양산면 송호리에 있다. 영동 송호국민관광지로 알려졌다.

짧은 만남 긴 여운

신선이 살았다는
강선대降仙臺*에 올라
기암절벽 노송 너머로
잔잔히 흐르는 강물을 보고
내려 와 길을 떠나는데
걸어가면 갈수록 가슴속에는
긴 여운이 남는다

하늘나라 신선들이 세상을 살펴보는
파수대 같기도 하고
사람들이 추곡 예물 솔향기 피워
하늘에 올리는 제단 같기도 하고
생명 핏줄 금강이
하늘나라 그리워 잠시 올라갔다 오는
간이 정류장 같기도 하였다

신선이 왔다는, 선녀가 목욕했다는
강선대降仙臺의 짧은 만남이

하늘과 땅, 사람들이
더불어 사는 전설의 씨앗을 뿌려
내 맘이 덩굴처럼 자라고
혼자 천기누설 본 것 같이
비단물결 절대 비경秘境을 설파하는
강신무降神巫 되게 한다

걸어가는 내내
하늘 뜻 담은 긴 여운이
즐거운 노래를 부르게 한다

* 강선대 : 충북 영동군 양산면(충북 유형문화재 73호)
에 있다.

잃어버린 이름을 찾아

영동 죽청교* 밑으로
강물 흐르는 소리를 따라
가다 보면 널따란 자갈 무더기를 만난다

잊혀진 세월만큼이나
이름도 없이 자리를 지키니
찾는 이 하나 없는 무너진 성터 같다

세월도 버리고 사람도 버렸던
돌무더기 위에
홀로 걸터앉아 흘러가는 물소리를 듣는다

자갈 무더기 비집고 흐르는 물소리가
깊은 산사를 깨우는 범종 울림 같다

강물의 흥에 따라
그 종소리, 크게도 울렸다가
은은하게도 울린다

〉

산새 노래에 화음도 넣어주고
버드나무에게 자장가도 불러준다

버려진 자갈 무더기인 줄 알았는데
금강이 흩어진 자갈들 모아모아 만든
거대한 종이다

이제부터
너의 이름을 '금강 석종' 이라 부르리라

* 죽청교 : 충북 영동군 양강면 구강리와 명천리를
이어주는 2차선 다리.

둔주봉*에 오르면

흐르던 금강이
향수를 노래한 시인의 고향에 오면
미안해 어찌 할 줄을 모른다

커다란 물그릇 창고 짓는다고
살던 땅도 내주고 고향도 떠났건만
돌아온 것은 개발 제한 족쇄

앞 동네는 수려한 풍경을 주고
아래 동네엔 풍성한 들판도 주었건만
시인의 고향에는
희미한 불빛마저 박탈했으니
울컥 울컥 울음을 삼키다
저쪽 한편에 한반도 지형을 닮은
산야 하나를 힘겹게 빚어 놓았다

시인의 고향, 둔주봉에 오르면
도시의 불빛을 위해

고향의 불빛은 꺼야 하는 세상이 미안해
금강 물길이 애절한 맘 실어 만든
한반도 지형을 볼 수 있다

꺼진 불빛을 반딧불로 밝히지만
고향의 맏형으로 살았으면 좋겠다고
시인의 마을에는
오늘도 밤하늘 잔별들이 내려와
산들산들 춤을 추고 있다

* 둔주봉 : 옥천군 안남면 연주리에 있다.

대청호의 가을

금강이 문명 깃발이 휘날리는
대청댐에 이르니 갈 길 잃어
헛살만 키우다 기형의 몸살을 앓고 있다

산마루 능선에 난데없는 물봉선이 피어나고
푸른 산 밑둥치에
붉은 살점 속울음 치며 드러낸다

흘러야 살아나는 강물이 대청호에 주저앉아
하염없이 먹다가 급체急滯하여
오늘도 구토의 고통에 울부짖는다

토하고, 또 토하다
이젠 몸서리치는 신물이
대청호를 푸르딩딩하게 물들인다

가을하늘 슬픈 대청호에는
까마귀 여러 마리
죽음의 전주곡을 부르며 날아간다

꽃다지

찬바람 부는 겨울에
낮은 들풀로 기다리며 살다가
봄의 부름에 벌떡 일어나
온 천지
부활의 그림을 그리는 꽃

금강의 상처 난 들판에
알아주는 이 없어도
먼저 다가가 홑이불이 되고,
숨 막히는 아스팔트 틈바구니에
노옥색 불빛을 밝히는 꽃

어둠을 밝히는 등대처럼
욕심을 이기는 사랑처럼

산길 축제

이 산 저 산 가로막아
하늘만 쳐다보는 은운리* 마을
거친 돌담 너머
양철 굴뚝에는 밥 짓는 연기가 피어오르고
분저리 가는 산길에는
숲 속 친구들 가을 운동회가 한창이다

흑연 내음 흐릿한 산길에는
멀리 뛰기 경주하는 도토리 나뒹굴고
언덕엔 시집 못 가 안달이 난 붉은 열매들이
산새들의 진주 한 알 먹기 경기에
참여하려 온몸을 치장한다

사람 떠난 폐허 뒤로
칡넝쿨 잎새들은 시계 맞추기 놀이 하려
햇님 따라 서서히 고개를 돌리고
산길 계곡에선 물봉선들이
노랑 하양 꽃잎 아래 숨겨 놓은

필살기 폭죽놀이에 빠져 자지러지게 웃는다

대청호 멀리 보이는
호젓한 은운리 마을에서
분저리로 넘어가는 가을 산길에는
스스로 즐거워 놀고 있는
자연 친구들 가을 운동회가 명랑하다

* 은운리 분저리 : 충북 회남면에 있다.

사람 향기

금강 물길 탐사한다고 대청호 가까운 동료들이
흑갈색의 커다란 옥천 포도에 산삼주,
솔향기 물신 풍기는 송이버섯으로 점심을 차려 준다

이 사람 저 사람 산삼주 한 잔에 송이 향기 맡으며
황제 식사, 그 고마움 어찌 해야 할 지 모르겠다고
손뼉을 친다 환호를 지른다

동료들이 송이 향기에 취하고 즐거움에 취하니
덩달아 나도 정성 담은 사람 향기에 취하게 된다

사람 향기가
잊어버린 끈끈한 정情을 되살려
더불어 사는 즐거움에 꽃을 피운다

너와 나 그리고 우리를 묶어 주는 끈이 되어,
나를 정성과 감동의 불길로 녹여
해맑은 어린 왕자로 돌아가게 한다

〉

들꽃 향기에 취하고, 송이 향기에 취하고,

사람 향기에도 취하니

사람 사는 즐거움의 비밀을 얻은 것처럼

홍겨움의 콧노래가 절로 나온다

자연이 나에게

대청호 산마루에서
산과 들, 너른 물을 보면서
자연이 숭고하다고 느끼는 것은
고통과 슬픔이 몰아쳐도
핍박이 심하여도
그저 말없이
고통과 슬픔을 삶의 한 조각으로
핍박을 삶의 한 디딤돌로
받아들이고 이겨내는 지혜 때문이고

대청호 산마루에서
산과 들, 너른 물을 보면서
내가 초라해 보이는 것은
한없이 솟아나는
욕망의 불나방을 좇아
자연을 멀리하고 잊어버리고
심지어 점령하려는
슬픈 현실 때문일 게다

〉

오늘도
아름다운 꽃을 피우고도
자랑하지 않는 자연이
왜소해진 내 등을 밀고 간다

벌랏 마을*에서

청남대 지나
구불구불 외딴 산길
깊은 산에 막혀
햇볕 한 줌 받는
내 누이 사는 마을

사람 떠난 돌담이
삶의 유산으로 살아나고,
은행나무 두충나무들
산 나무와 벗 되어
뒤뜰 정원이 되는 곳

개울물에 미나리 흐르고,
앞마당 텃밭에서
순서 없이 뽑은 푸성귀로
길손을 대접하는
가고픈 먼 고향

* 벌랏마을 : 청주시 문의면 소전1리이다. 충북의 동막골이라고 불린다.

초가정草家亭 가는 길

하늘 아래 높은 분
쉬었다는 초가정이
청남대, 저기 있다기에
아방궁 그려 보며
발길을 돌려 찾아 가네

순간의 착각인가
아방궁은 간 데 없고
저녁노을 잔잔한 대청호에
곱게 다진 황토 숲길만이
호젓하게 나를 맞이하네

하늘 아래 높은 분
찾아 쉰 곳
황토 숲길인 걸 보면
최고의 아방궁은
있는 그대로의 자연이어라
〉

우리 삶터도
이 닮으면 좋겠네
개발의 그림자 걷어내고
풀벌레 노래하고
산내들과 하나 되면 좋겠네

제2부
사람이 흐르는 금강

억새꽃

겨울로 가는 길목에
억새가 꽃을 피운다

들녘은 다들 잠에 드는데
은빛 단발머리 곱게 빗고
겨울 바다 거친 항해를 기다린다

빈 하늘 칼바람 무서워 떨면서도
거기, 홀씨 옮겨 줄 바람도
숨어 살기에
가냘픈 몸 세워 돛을 올린다

더 멀리, 더 넓은 세상으로
함께 가지 않으면 안 되는
낭떠러지 외통수 선택

바람 거세면 거셀수록
새 봄, 더 크고 넓은 보금자리

맞이할 수 있으니
겨울로 가는 길목에
억새꽃, 고운 화장 떨구며
이륙 훈련으로 바쁘다

보정補程

늪 같은 생활의 무게가
삶의 어깨를 누를 때면
산 그림자 드리운 합강*으로 가 보라

가서, 말없이
물웅덩이 사이
새싹을 틔우는 버드나무 벗 삼아
은모래 너머 반짝이는 자연의 시계에
지친 삶을 맞춰 보아라

고단한 무게 스스로 녹아 작아질 것이다
멍들고 깨진 상처 산들바람으로
되살아 날 것이다

생활의 무게가
헤어날 수 없이
삶의 어깨를 누를 때면
금강과 미호천이 만나

크고 넓게 어울리는 합강으로 가서
저녁 윤슬에 기대어 보아라

* 합강 : 세종시에 있는 금강과 미호천의 합수부를 말한다.

물억새

물억새가 운다
바람에 실려
그리움으로 운다

물도래 사는 뜸봉샘을 지나
고운 모래 합강을 지나
석양 속 가창오리 군무가 있는 천리 길 금강을 지나
새벽강 설익은 안개 속으로 인사도 없이
떠난 그대 그리워 물억새도 울고
큰기러기도 울고 나도 운다

오늘도 나는
한 손에 신비스런 비오리 빛깔을 쥐고
다른 한 손에는 미호종개 환희를 담아
건네줄 날 손꼽아 기다려 본다

그날이 오면, 그날이 오면
억새도 머리 흔들며 춤추고

하늘 큰기러기도 춤추고
합강 모래밭에서 나도 춤출 것이다
억새가 우는 새벽강에서

합강의 봄

합강에
조리개 바람이
넓은 물 위에 흩어지면

어린 누이 목소리 반가워
문 여는 노모처럼
버드나무들 물세수하고
아지랑이 사이로 슬금,
몸을 비틀다가

흰뺨검둥오리 비명에 놀라
부끄러이 몸을 숨겼다가
다시 고개 들어
새순을 토해 낸다

중년, 가을

산이 꽃을 피운다
진달래 지고 햇빛사랑 저문
가을산에 꽃이 핀다

합강을 바라보는 전월산*도,
중환 선생 동심이 놀던 사송정 앞산도
돌덩이 슬픔을 가슴에 얹고
소리 내어 울지 못하는 마흔 중반의 가장처럼
슬픔이 터져
홍갈색의 산꽃을 피운다

싫어도 가야 하는 반벙어리 소시민
가을산이 겨울여행 가기 전
멍든 가슴으로 이별 꽃을 피운다

* 전월산 : 금강과 미호천이 만나는 합강을 바라보기 좋은 세종시의 상징적인 산.

구인광고

천문학적인 돈을 들여
자연을 파괴하는 사대강 깃발이
세종보에 올려진 날, 합강 습지에
허접한 판자로 수달 집이 설치되었다

숲 속에 호랑이, 하늘엔 흰꼬리수리
강가엔 수달이 대장인데
탐욕의 정복자 눈에는
돈벌이 방해꾼이 되어 버렸다

하늘, 땅, 물과 바람이 전하는 소리
금강의 이곳저곳 열심히 나르는 수달이
살려달라 사람을 구하고 있다

자연이 속삭이는 생명의 언어
들풀이 전하는 하얀 바람의 춤사위
알아듣고 덩실거릴 사람을 찾고 있다
〉

자연의 주파수와 사람 감성
동시 통역하는 능력이 있어 자연의 숨겨진 아픔
들려 줄 수 있는 사람을 찾고 있다

매일아침 가장 먼저 사라져가는 수달 식구 생각하며
등산화 질끈 묶고 천리 길 휘휘 돌며
비단길 금강을 찾을 사람을 수달이 찾고 있다

그 사람 발자국에 수달이 숨 쉬고
그 사람 카메라에 수달이 덜 외롭고
그 사람 정성에 수달은 웃을 것이다

그 사람이 바로 당신이어야 한다
그 사람이 바로 나이어야 한다

비닐꽃

촌로 주름으로
무심하게 흘러내리는 미호천
돌아돌아 비루봉*에 가면
희검정 낯선 꽃들이 있다

버림받은 미호천이
벙어리 냉가슴 앓다가
무더운 장마 소용돌이 속에서
진흙덩이 물결로
단숨에 피어 낸 꽃들이다

생명도 없는 것이
흙먼지 수술을 털어 내는 몸짓에
흰나비 노랑나비 왔다 갔다
먼발치 개망초만 머리 흔드는
희거먼 비닐꽃들이다

오늘도 미호천 비루봉은

접혀있는 꽃들로
어지럽게 흔들리고 있다

* 비루봉 : 미호천과 조천이 만나는 곳.

꽃망울

봄물 오르는
마이산* 중턱에서 당신을 봅니다

흔들리는 마른 풀잎 사이로
때를 기다리는 당신은
봄을 달래는
순한 살빛 미소로 가득합니다

당신을 보노라니
산고를 이기고 몸을 돌려
내 아이를 쳐다보는
부은 얼굴 산모 눈길이
이런 맘일까 상상을 해 봅니다

베풀려는 하늘과 품으려는 들녘이
더불어 만드는 푸른 생명 잔치에
당신은 나를 부르는 전령이 되어
초대의 손짓을 하고 있습니다

〉

봄을 따는 농심처럼 잠자던 나도
이제 푸른 생명 넘실대는 당신 나라에
고개 들어 한 걸음 한 걸음 나아갑니다

당신은 나에게
푸른 생명의 전령이 보내는 초대장입니다

* 마이산 : 충북 음성군에 있는 산으로 미호천 발원지.

멈춤

청주에 다녀오다
미호천 갓길에 멈추어
강바람을 맞이한다

가을볕 짙은 하늘에
찰랑이는 물빛 눈부시고
은빛 물억새 바람에 흔들린다

강물은 하염없이 흐르는데
발길에 놀란 물새들
바람 따라 석양 노을로 날아가니
나도 따라
또 다른 하루로 날아가 본다
끝없이 펼쳐지는 또 다른 세상으로
이 내 몸도 실어본다

하루의 또 다른 하루가 말을 걸어온다
나의 또 다른 내가 말을 걸어온다

알 수 없는 편안함이
내 마른 가슴에 그지없이 흐른다

때때로 멈춤은
영원한 시간에 접속하여
삶의 숨구멍에 노크를 하게 한다

고복의 눈꽃

간밤에 고복 저수지* 휘돌아
아장아장 손자의 순한 웃음 같은
눈꽃이 피었습니다

긴 겨울을 견뎌야 하는
마른 벚나무 가지 위에도
그리운 사람 소식하나 받은 듯
눈꽃이 웃고 있습니다

벗들과 생이별 몸살을 앓고 있는
철쭉 잔가지 아픈 마음에도
말없이 잡아주던 그녀의 손길처럼
눈꽃이 따스하게 내려 앉았습니다

저잣거리에서 초심을 잃어
온통 겨울인 내 가슴에도
모든 것을 덮고 다시 시작하라고
눈꽃들이 소복하게 피었습니다

* 고복저수지 : 세종시 서면에 있는 자연호수공원이다.

봄비

벚꽃잎 하나 물고
월하천*에 내리는 봄비

물길 따라
잠든 새싹 깨워서
연두 빛깔 뿌린다

마른 풀 가라 않고
어린 생명 전부라 않으니
죽은 자도 산 자도
더불어 살아가게 한다

앞에 간다고 잡지 않고
뒤에 온다고 질책 않으니
잘난 놈도 못난 놈도
어울려 춤추게 하는구나

오늘처럼

봄비가 내리는 날에는
내 사는 세상에도
사랑비 내려 마른 가슴 적시라
소망 하나 띄워 보낸다

* 월하천 : 세종시 서면에 있는 미호천 지류로 고복저수지 하류에 있다.

어디서 왔니

상처받은 마음으로
무심하게 흐르는 금강에게
어디서 왔니 물으니
그냥 배시시 웃는다

어디서 왔니 다시 한번 물으니
하늘 한번 쳐다보고
동쪽 무지개 나라 가리키며
북극 빙하에도 있었고,
단군 할아버지 숨결에 잠시 머물다
독립군 아저씨들 소식 듣고 내려와
마이산 돌 틈 속에서 잠을 자다가
이른 봄 새싹 깨우며 미호들에서 놀다가
이제 가창오리 군무가 아름다운 금강 끝자락에
쉬엄쉬엄 간다고 웃는다

하도 볼품없이 웃어
주름진 촌부인 줄 알았는데

소꿉장난 인생사 한 발 물러난
거인 음성 들려
편안했던 내 자세 바로 고쳐진다

햇살에 웃는 미소에서
철부지 나는
셀 수 없는 세월의 향기로
생명 창고 열어
끊임없이 선물을 전하는 천사의 날갯짓을 본다

금강 지킴이의 기도

햇님 미소 보는 풀 나무와 용궁나라 문지기,
꿈을 비행하는 이들과 마음 마음 하나 되어
서로의 이름을 불러 주는 동무되게 하소서

오랜 세월 금강 천리 비단길이 만들어 낸
장고한 삶과 더불어 살던 선열들의 지혜와
있는 그대로 금강 얼굴을 사랑하게 하소서

공생 공존하는 금강의 모습처럼
사람과 사회 그리고 자연이 더불어 사는
참 지혜를 배우게 하소서

관심 부족 애정 결핍에 감염되어 이뤄지는
무의식 철부지들의 금강 학대를 담담하게 막아내는
슬기로운 감시자가 되게 해주소서

호시탐탐 개인 뱃속 불리려는 자본의 발톱에 맞서
굳건히 생명 물길 지키는

철통 방어 용감 군인이 되게 해주소서

녹색 포장으로 죽음의 강을 만드는 자와는
타협 없이 정의의 깃발 들고
최선봉에서 싸우는 잔 다르크 되게 해주소서

함께 사는 삶의 가치와 변치 않는 생명 법칙을
이웃 동료들과 금강을 찾는 사람들에게
정성으로 감동시키는 겸손한 계도자가 되게 해주소서

하늘나라 임금님과 용궁나라 거북이가 만나는
생태 상상력을 우리 큰 애와 작은 딸에게 전하는
훌륭한 해설가가 되게 해주소서

구불구불 천리 길에 갈라진 건천, 진흙 물길 보여도
신비스런 생명 창고 금강을
자신 있게 알리는 생명 수호 전도사가 되게 해주소서

물은 알지요

물은 흐르지요
낮은 곳으로 흐르고
나 죽어 더불어 흐르지요

물은 흐르지요
낮은 자리로 더불어 흐르다
가장 낮은 자리 바다에서
헤아릴 수 없는 대동 세상 드러내지요

물은 알지요
가장 낮은 곳이 가장 큰 것이 되고,
가장 밑바닥이 가장 넓은 것이 된다고
바보처럼 낮은 곳으로만 흘러도
자기를 죽이면서 더불어 흘러도
마침내
바다의 맨 끝자리 몸부림 끌어안고
하늘에 오를 것이라고
〉

물은 알지요
삶의 바닥에 주저앉아 울어 본 사람만이
천지개벽 소용돌이 흑룡이 되어
온 천지에 생명의 단비를 내릴 수 있다고

곰나루 솔밭

곰나루 솔밭에는
금강 요정이 살고 있다

처음 그를 만난 것은
사대강 공사 시끄러울 때
공산성 앞 백사장 물고기 떼죽음 당한 현장이었다
지역 신문 기자 나부랭이라고 설쳐 댈 땐
그렇고 그런 사람이라 생각했다

예상을 깨고 그날 이후에도 그를
금강 언저리에 가면 만났고
일 년이 지나서도
금강을 살리기 위해 뛰어다녔다
몇 년이 흘렀는데도
금강을 위해 선두에서 기사를 계속 썼다
사람들은 서서히 그를
사대강 고발 전문 기자라 불렀다
〉

대통령이 두 번 바뀌는 동안
그는 사대강 죄악을 밝히려 동분서주하다
집마저 날려 버린 미친놈이 되어 있었다
그 미친놈 때문에
숨통 막힌 금강을 알게 되었다고
사람들은 서서히 그를
금강 요정이라 부르기 시작했다

금강 요정 김종술 기자,
그대를 보면 곰나루 전설에 나오는
곰 여인 원한 달래 뱃길 사람 구했다는
곰사당 제사장이 다시 살아난 것 같아요

함께 못해 미안하고, 금강 살려 고마워요
이제 곰나루 솔밭을 걸을 땐
곰사당 제사장 되살아난 당신을 불러 볼 게요
금강 요정을 찾아 볼 게요

유왕정

세월호가 뭍으로 드러나는 날
인적 드문
금강변 유왕정에 오른다

패망한 백제의 왕과 신하들이
전쟁 전리품 되어
이국 만리 낯선 땅에 끌려가다
가족들과 마지막 상봉을 하던 곳

이곳에 서니
그 옛날 백제 유민의
생이별 울부짖음이 들리는 듯하다
이~제 가면 언제 오나
아이고 아~이고
남겨진 우린 어찌 살라고

가물거리는 망국의 한을 기억하는
유왕정에 올라 보니

금강은 아물지 않은 상처를
보듬고 기억하면서 흘러가고 있다

성당 포구

어설프게 그린 벽화가
옛 성당 포구 자리라 말할 뿐이다
격군들 노 젓던 냄새도
갈대고기 산란 진통 소리도 흩어져 버렸다

세월은 어찌 할 수 없다
흐르는 강물처럼 그냥 보내는 것이다
단지 기억할 뿐이다

늙은 당산나무는
매년 나이테에 쌓아 두고 있었다
고해소가 되어 담아두고 있었다

금강의 물살 온도도
쌀 실어 나르던 낡은 배 바닥도
주막의 은밀한 거래도 담아두고 있었다

사람들이

당산나무에서 그 기억을 불러내려 한다
오가던 사람들의 흥정의 노래 소리도,
그네를 띄우던 소꿉놀이 추억도,
풍랑을 만났던 격군들의 무용담도
들려 달라고 엔터키를 누른다

성당 포구 당산나무는
기억의 잎사귀 피워 내며
오늘도 흐르는 금강을 바라본다

참게의 슬픈 노래

나는 도망자
태어나고 보니 도망자가 되어 있었다
집은 망가져 돌아갈 수 없고
날 잡으려 혈안이 된 그들이 날 쫓는다
이유도 모른 채
살기 위해 하루하루 발버둥치는 도망자가 되어 있다

난 청소부였다
용궁의 온갖 쓰레기
온몸으로 먹어 치우는 청소부였다
천한 일을 한다고 흉도 보지만
할아버지의 할아버지 때부터
하늘이 내려 준 소명으로 살아온 청소부였다

거대한 철갑 장비로 울 동네 점령하고
우리의 머릿수 돈으로 헤아리고부터
우리는 도망자가 되었다
그들의 욕망이 우리의 삶을 망가뜨리고

신성한 용궁도 오물로 넘치게 하였다

도망자가 아니라 청소부로 살고 싶다
바닷물과 강물이 만나는 왕진 나루*에서
장사도 못 치른 총각 붕어 초혼제도 지내주고
세월에 쓰러진 물풀들 장례도 치러 주고 싶다

* 왕진나루 : 충남 청양군 청남면에 있는 나루이다.

신동엽 시인 생가에서

내 살던 고향과 별 다르지 않은 부여 읍내,
시인의 생가 툇마루에 앉으니
바람이 나를 스쳐 간다

바람 소리일까 그의 목소리일까
가슴 깊은 곳을 때리는
시인의 음성이 들리는 듯하다

저 금강에는 강물만 흐르는 게 아녀
부여 장터 아줌씨 속절없는 수다에
숨긴 눈물 흐르고,
나라 잃은 백제 유민의 설움도 흐르고
이루지 못한 갑오 농민의 핏물도 흐르는 겨

저 금강에는 강물만 사는 게 아녀
날 때부터 천민상놈 없애려 외친
망소 망이 울분의 함성도 살고
하늘 아래 새로운 세상을 점지한

계룡산 산신령의 예언도 살고
숨겨진 탐욕이 울고 웃는 인생사 되는
알록달록 문화 문명도 사는 겨

저 금강에는 강물만 있는 게 아녀
물새들 하나 둘 날고
둠성 둠성 모래섬 사이로
잔잔한 물결 수다 속에 피는
이야기를 들어야 하는 거여

신성리 갈대밭

바람이 바뀌는 계절
하구 둑 저 멀리
석양이 지는 초저녁에
은빛 물결 금빛 너울이
날 보고 이리 오라 손짓을 한다

강물 맞닿은 하늘이
붉게 타 들어 갈수록
갈꽃은 더 큰 아우성으로
떼춤을 추고
한 쌍의 청둥오리는
입맞춤 소리를 내며
잔물결 위에 내려앉는다

눈을 감으면
갈잎 속삭이는 소리 들리고
눈을 뜨면
상상의 그림책 펼쳐지니

아픈 금강이
애정의 끈을 놓지 못해
내 놓은 속마음 전시장이어라

하늘 덮은 갈꽃 숲길을 걷는
사랑의 밀어는 더욱 깊어지고
황토 돛배 기다리는 사내 가슴에는
그리움 다시 피어나니
은빛 물결 금빛 너울 속으로 들어서면
금강이 마음의 문을 연다
내 발자국 적신다

가창오리 군무

북풍 불어오는 늦가을
노을빛 잠긴 금강 하구엔
커다란 산이 생겼다 없어지는
신기한 마술이 펼쳐진다

물 위로 시커먼 퍼즐 조각들
소용돌이 되어 솟는가 싶더니
어느새 거대한 산 그림자 만들고
십자뜰* 넘어 숨어 버린다

어디 갔지 돌아보면
먹구름 비행 군단 되어 나타나
이 모양 저 모양 묘기 부리다가
요술 램프로 들어가는 지니 마냥
서천 앞 바다에 커다란 이불을 깐다

순간 펼쳐지는 마술인데
돈을 내야 한다면 얼마를 내야 할까?

* 십자뜰 : 금강 하구 제방 넘어 익산 뜰.

삶의 자리

누군가 삶이 뭐냐고 물어 오거든
천리 길 굽이 흐르는 금강 끝자락으로 가라 하리라

낮은 곳 찾아 흐르던 강물이 바다를 만나
끝없는 지평선 저 멀리
하늘과 맞닿은 곳을 보게 하리라

높디높은 하늘을 만나는 것은
낮고 낮은 곳을 찾아 흐르던 그 강물뿐이다
강물이 바다를 만나
저 높은 하늘도 주저 앉혔다

뒤를 돌아보지 말라 하리라
돌아보면 하늘과 땅이 갈라진 그대로이다
헤어날 수 없는 삶의 중력이 다시 끌어당긴다

강물이 어찌 하늘을 만나는지
본 사람은

결코 낮은 자리를 두려워하지 않는다
삶의 중력에도 투항하지 않는다

서성거리지 마라
삶의 자리는 바로 이곳에 있다

자연이 말을 걸다

옆에 있어 친한 줄 알았는데
다가가면 신기루 모양 저 멀리 가 있고
알았다 생각하면 퍼즐 다른 한 조각 또 내밀어
알다가도 모를 게 자연이었는데
이번 이른 봄날엔
작고 여린 새싹 하나 보내어
나에게 말을 걸었다

언 땅을 힘겹게 비집고 나오는
푸른 생명 옹알이에
난 행복한 시달림을 당해야만 했다

지친 삶에
툭하고 불어오는 불꽃이 되니
잠자던 그리움이 놀라 깨어났다

벗어나려 해도
거부할 수 없는 신내림인지라

나도 모르게
가슴을 뚫고 나오는 감동으로
벅찬 응답을 해야 했다

그렇게 그렇게
알다가도 모를 자연이
봄의 여린 새싹을 보내어
지친 나에게 말을 건넨다

순찰 기도

매일 강가에 나서면서 매일봐도 매일좋은
고운 처자를 만나듯이 감칠맛에 길들듯이
매일 아침에 마음들떠 즐거웁게 하옵소서

멀리서 바라보며 자연 참뜻 깨닫게 하시고
자세히 살펴보며 자연 사랑 느끼게 하시고
찬찬히 걸어가며 자연 숨결 스미게 하소서

햇살을 받으면서 자연에 감사하게 하시고
바람이 불어오면 들꽃과 대화하게 하시고
물새가 날아가면 그리움 연락하게 하소서

자연의 감추어진 신비한 진리 체험케 하시고
자연만 갖고있는 애정의 침묵 알리게 하시고
자연을 깊이닮아 의연히 살고 실천케 하소서

훗날에 사람들이 친구들이 별명하나 지으면
자연을 닮았었던 사람이라 호칭하게 하시고
자연에 매료당해 잘놀더라 기억하게 하소서

제3부
내 맘에 흐르는 금강

빗물처럼

흙탕물이 되어도
뿌연 세상 곱게 만들며
논두렁 좁은 곳에 갇히어도
맨발의 농심에 내일을 약속하는
빗물처럼 살았으면 좋겠다

마른 대지에 스며 먹이가 되어도
굴하지 않고 남을 살리며
나는 없어져 그가 되고
그의 삶에 그림자 되어도
마침내 생명을 만드는
빗물처럼 살았으면 좋겠다

작은 물방울로 태어나지만
둘이 하나가 되고,
하나가 우리가 되어
넓은 바다 향하는
빗물처럼 살았으면 좋겠다

다시 나를 본다

너무 먼 길을 돌아왔다
바다를 찾아 헤맨 물고기처럼

무작정 앞만 보고 걸었다
벗어나려면 더 깊은 늪에 빠지면서

걷다가 걷다가
지쳐 쓰러진 자리는
어제도 그 자리였고
오늘도 그 자리이다
그냥 그 자리이다

이제
순환 버스에서 내려야겠다

내려,
뒤를 보니
어제 내린 이슬비에
들꽃 하나가 빙그레 웃고 있다

별이 된 사랑

싱그런 바람이 부는
기쁜 만남 좋은 사람이었는데
어느 해 봄부터
찔레향 벌침으로 잔잔한 일상을
마비시키는 사람이 되었다

번쩍이는 무엇이 스치는 순간
어제의 내가 아닌 다른 사람이 되어 버렸다
퉁퉁 부은 눈은 오직 한 가지만 보였다
일상의 운전대가 작동을 하지 않았다
여러 세상에 셔터를 눌러보지만
찍히는 사진은 아웃 포커싱 뿐이었다

넘을 수 없는 경계선 앞에서
보고픈 맘 더욱 소용돌이치는데
하늘의 별들은 그저 평온하기만 하다

건널 수 없는 걸음이

별빛 비추는 슬픔의 골짜기에서 고해성사를 한다
이제 보고픈 맘을 부는 바람에 실어
저 하늘의 별들 속에 숨겨 놓아야 한다

아픔이 길어질수록 밤하늘의 별들은 시가 된다
시가 된 밤하늘의 별들 속에 그 사람이 웃고 있다
멀리 있어도 밤하늘의 별은 반짝거린다

사랑

아무 것도 아니면서 모든 것이 있다면
그것은 사랑이어라

가장 흔하면서 정말 소중한 것이 있다면
그것은 사랑이어라

가장 천한 본능이면서 정말 숭고한 헌신이 있다면
그것도 사랑이어라

하도 많이 들어 잘 알고 있는 것 같으면서
들여다보면 볼수록 알 수 없는 것이
바로 사랑이어라

사람을 가장 슬프게도 하고
사람을 가장 기쁘게도 하는 것이
바로 사랑이어라

오늘도 난

알 듯 모를 듯한
그 사랑에 말을 걸어 봅니다

어느 가을날

어느 가을날 낙엽도
삶이 얼마 남지 않으니 솔직해지고 싶은가
단벌 녹색 제복을 벗고
말 못한 속내를 드러내 봅니다

불어오는 바람 타고 먼 길 떠나기 전
형형색깔 고운 옷으로 갈아입고
흔들흔들 못 다한 신호를 보내옵니다

그렇게 그렇게
살아온 날보다 살아갈 날이 많지 않으면
하지 못한 말을 하고 싶은 용기가 생기나 봅니다

우리는 항상 곁에 있기에
알고 있을 거라 생각하여
말하지 않고 살아 온 것이 있습니다

떠날 것을 알기에

이제라도 하지 못한 그 말을 하려 합니다
사랑했었다고…
사랑한다고…

우리는
지는 낙엽처럼 떠날 때가 되어서야
사랑의 아쉬움을 아는 족속인가 봅니다

속울음

아파서도 울고
슬퍼서도 울지만
이제 외로워서도 울어봅니다

바람에 실려 온
이별의 씨앗이 뿌려져 아픈지라
남모르게 감추려고
삭히며 속으로만 울어야 합니다

봄 햇살 좋다 하여
헛웃음을 지어 보지만
그대 떠난 빈자리
긴 한숨으로 터져나옵니다

어제까지 하하호호 웃었는데
나 홀로 남게 되니
밝았던 세상
조여 오는 감옥이 되어 두려워 웁니다

〉

아파서도 울어 보고

슬퍼서도 울어 봤지만

외로워서 우는 것이 가장 아픕디다

사랑의 무게

내 죽어
살아온 내 몸뚱이 태우면
한 줌의 재만 남아 땅에 뿌려지겠지

그럼,
살아온 내 삶을 태우면 뭐가 남을까?
이름 석 자와 못다 이룬 사랑 하나!

내 죽어
살아온 내 흔적을 세상 사람들은
내 이름에 두고 이 말 저 말 하겠지

그럼,
살아온 내 인생을 하늘은 뭐로 판결할까?
내 사는 동안 이룬 사랑의 무게!

세월은 땅에 묻히고
이름은 세상에 흩어지지만
사랑의 향기만은 하늘로 올라가리라

첫사랑

이제 함께 할 수 없는 당신이
아련한 그리움으로 되살아나는 것은
버리지 못한 미련이 남아
꿈틀거리는 욕심 때문만은 아닐 것이외다

사람 노릇 하며 살려고 발버둥 치지만
생존의 늪에서 더욱 더 허우적거리는 내 영혼이
잠시라도 머물 곳을 찾고 싶기 때문일 것이외다

이제 또 다시 만날 수 없는 당신이
홀연히 추억으로 되살아나는 것은
아직도 사랑의 미련이 남아
놓지 못하는 아쉬움 때문만은 아닐 것이외다

가도 가도 끝이 없는
마라톤 같은 삶의 여정에서 지친 내 육신이
잠시라도 쉬고 싶은 장소이기 때문일 것이외다

대화

미안한 맘으로 꽃 한 송이 주었더니
아내는 사랑한다 말하고
고마운 마음으로 사랑한다 말하니
아내는 부끄런 미소로 답한다

서튼 표정으로 오래오래 함께 살자 하니
아내는 행복하다 미소 짓고
속으로 당신은 누구냐 물으니
아내는 우리 새끼들 밀알이여 한다

산보 중에 아내가 잔주름이 늘었다 하여
나는 사랑나무 향기가 더 짙어지는 증표여 하고
글을 본 아내가 언제 꽃다발 주었느냐 따지니
나는 이렇게 살았으면 하는 바람이여 능청을 떤다

꽃

사랑을 먹고 자라는
꽃이 있다면
그것은 아내일 것이다

잠시 바깥일에 바빠
소홀하면 금방 시들고,
애처로워 가슴 깊은 곳에서 나온
사랑을 주면
무슨 힘이 그리 강한지
비바람, 폭풍우가 몰아쳐도
꺾이지 않고 온몸으로
꽃밭을 지켜 낸다

세상에서
사랑을 주어야 피는 꽃이 있다면
그것은 당신일 것이다

호두나무

남들이 푸른 잎 피워 내면
나도 푸른 잎을 피우려 더 열심히 몸부림쳤고
남들이 탐스런 열매 맺으면
나도 탐스런 열매 맺으려 더욱 더 땀 흘렸다

남들이 세상의 유혹에 하도 쉽게 넘어가
나는 그러지 않으리라 단단한 갑옷도 만들었다
나만의 낙원에서 한동안은 즐거웠고
흙, 낙엽, 그리고 비바람 같은 친구들도 별로 필요하지 않았다

방패로 만들었던 갑옷이
언제부터인가 족쇄라는 것을 알게 되었다
아무리 깨려 하여도 깰 수 없는 족쇄가 숨통을 조였다

다른 힘을 빌려야만 나갈 수 있기에
부끄러워도 할 수밖에 없는 선택을 한다
〉

부패의 기적.

흙더미에 몸을 맡기고,

비바람과 벗이 되어

세월이 갑옷을 녹일 때까지

기다린다

갑옷이 썩어야 숨을 쉴 수 있다

안개꽃

안개꽃을 보면
옛날의 그녀가 생각난다

성당 구석 수돗가에서
어눌한 친구 손잡고 봉걸레를
대신 빨아주던 중2의 꼬마 아가씨

주일학교 선생님 말씀이라며
졸린 눈 비벼대며
텅 빈 학교 운동장 가장 먼저 나와
노란 주전자에 들기도 힘들게 물을 담아
삐뚤삐뚤 피구 선을 긋고
아무 일 없는 듯 놀던 중등 학생회 간부

성당 오빠 떠났다고
드러내지 못한 서운함을
매일 매일 일기장에 편지로 썼던
주일학교 교사가 된 여대생

〉

투쟁 머리띠 매는 것은 부끄러워
저 멀리 바라만 보고 있다가
싸우고 돌아온 동료의 허기진 배를 챙겨주던
착한 소시민으로 사는 그녀

송이 송이 수만의 꽃망울로
묵묵히 자기 길을 가다가
친구가 다가오면
받쳐주고 어울리는 안개꽃
그녀가 그립다

아카시꽃

환한 벚꽃이 봄을 알리더니
이제 아카시 꽃들이
청사초롱 얼굴을 내밀어요

연둣빛 세상 푸르러 가는데
아카시 꽃들이
누굴 축하하려는지 먼 산에도, 길가에도
축하연 청사초롱 많이도 걸어 놓았네요

묵묵히 일상을 견디어 내는 그대에게
삶의 주인공이 걸어가는 레드카펫은 준비되었으니
한번 걸어 보라고 짙은 향으로 눈짓을 해요

삶의 왕관을 잊어버린 그대에게
아카시 꽃들이
다시 한번 돌려 드리겠다 하네요

이제 잠시 일상을 놓고 돌아 앉아

잊었던 삶의 향기를 찾아
청사초롱 길을 걸어 보아요

오늘도 난
그대 생각하며 그 길을 걸어가고 있어요

나비 독백

나는 몰랐습니다
아침에 일어나 바쁜 날갯짓으로
맛있는 꿀을 찾아 돌아다닐 뿐이었는데
그것이 꽃들에게 생명을
가져다주는 줄 미처 알지 못했습니다

나는 몰랐습니다
맛있는 꿀을 주었던 꽃들과 나무들이
나로 인해 열매를 맺고
그것이 다람쥐들의 겨울 양식이
되는 줄 미처 알지 못했습니다

나는 몰랐습니다
나로 인해 열매 맺었던 들풀과 나무들이
세월 속에 흙이 되고
그 거름 위에 또 다른 꽃이
피는 줄 미처 알지 못했습니다
〉

나는 몰랐습니다
나는 또 다른 네가 되고,
너는 돌아 또 다른 내가 되고
너와 내가 더불어 우리가 되면
하늘과 땅에 생명의 꽃이 핀다는 것을

장태산 1박 2일

하늘을 덮은 장태산
큰 나무 숲에 들어서면
매번 나는 무장해제당한다

잔 나무 사이 실바람
젖은 마음을 재우고
흐르는 물소리
고단한 일상을 씻는다

땅에 떨어진
산철쭉 꽃잎도 예쁘고
나뭇잎 사이로 살랑이는 햇살
얼굴들도 반갑다

쓰러진 고목에
여린 싹들이 자라는 걸 보며
나는 하염없이
그 이름을 불러본다

엄마! 엄마! 엄마!

오늘도 무장해제당한
장태산에서
가장 편했던 엄마를 불러본다

나침판

수많은 별들이
북극성을 중심으로 펼쳐지듯이
우리 맘속에도 나침판 하나를 심어두세

갈 길은 먼데 길을 잃어 제 자리를 맴돌면
우리 맘속에 생명 평화 가리키는 나침판
꺼내 보고 묵묵히 한 길을 걸어가세

바쁜 마음 잠시 덜어 놓고
잊었던 사람 불러 보고 더불어 숲을 이뤄
사람 사는 향기 맡으며 살아가세

부족함이 휴식이 되고
삶의 고통이 도리어 자양분이 되는
삶의 나침판 하나
우리 맘속에 깊이깊이 간직하세

발문

금강 물결이 흘러 삶의 숨결이 되다

최수경(금강생태문화연구소 '숨결' 소장)

1. 금강으로 걸어가기

고지도를 그렸던 우리의 옛 지리학자들은 한겨울에 눈 쌓인 높은 산을 어떻게 버선발만으로 올라 다니며 산과 강을 그렸을까요. 엄밀히 말하면, 강은 산의 능선에서 태어나 골로 모아집니다. 산맥은 강을 분기하고, 강에 막혀 진군을 못하지요. 그렇다면 그 원리를 이용해 강을 따라가다 보면 산을 알 일이 아닐까요. 강의 길이와 너비와 수량과 유속에 따라서, 골의 깊이와 높이와 경사와 면적이 어림 추산될 수 있겠지요. 그렇게 된다면, 산과 강의 고지도가 평지에서도 그려질 수 있겠습니다. 고지도의 높은 산과 산길과 물길, 여기 저기 집과 마을의 표시는 그렇게 들어앉았을지 모릅니다. 저는 생각합니다. 물길을 따라 걷는다는 것은 곧 세상 만물을 들여다보는 계기가 되는 것이며, 그들의 규칙을 가까이서 접함으로 해, 혜안을 얻는 것이기도 한 일이라고요.

마우스만 들이대면 내 눈이 인공위성이 되고, 손가락만 까딱하면 현미경처럼 내 사는 지붕을 들여다 볼 수 있는 세상입니다. 그러나 누구도 강의 물길을 따라 마우스를 따라가려 하지 않습니다. 강은 언제부터인가 사람들에게 단순히 물이 흘러가는 수로일 뿐. 먹고살기 바쁜 때에 내 눈에서 사라지는 것들이 모이는 곳으로 여기게 되었습니다. 내가 방치하고 방관한 것들이 모이는 곳이며, 내가 신경 쓸 곳이 아니지요. 어차피 내가 낸 세금으로 국가가 책임질 곳이라 여기는 사람이 많은 세상입니다. 사정이 이렇지니, 나는 강을 갈 일도 없거니와, 강이 어떻게 생겼는지, 알고 싶지도 않고, 알 일도 아니라 여겼습니다.

이제 한숨 돌려 창밖을 보니, 그리도 높던 산에 숲이 좋은 것을 알았고, 그리도 멀던 강이 잡아당기는 길이 있다는 것을 알았습니다. 그래서 사람들은 오늘도 등산화 끈을 매고 숲으로 갑니다. 또 자전거를 차에 싣고 강으로 갑니다. 민둥산 이후 산림녹화에 성공한 숲은 비록 자연림은 아니지만, 그런대로 사람들의 자연욕구를 충족시키며 대접을 받아왔습니다. 반면에 강은 사람들 눈에 멀어진 사이에 극명하게 다른 운명을 맞아버렸습니다. 물 밑은 강바닥이 파헤쳐져 생명의 서식 공간이 파괴되었고, 물가는 성형되어 산수의 원래 얼굴은 찾아보기 힘들어졌습니다. 그러는 동안, 누구도 강의 변화를 지켜보며 아파하거나, 강의 아픔을 보듬기 위해 강으로 나오는 이 없었습니다. 강은 그저 오랜 세월 말없이 눈물로 몸체를 불리며 흘러갈 뿐이었습니다.

금강 순례의 시작은 바로 그 지점에서 출발하였습니다. 강이 아파하는 것을 지켜보며 같이 아파하고, 강이 말하는 것이 무엇인지 들으면서, 강이 나아가고자 하는 몸부림을 알아채, 더 이상 강이 시련 겪지 않도록 돕고자, 맘 맞는 이들이 모여 시작되었습니다.

2. 금강 순례를 시작하다

임시인은 늘 누이와 어머니를 입에 달았습니다. 누이는 늘 떠남에 있어 남겨지는 누이였습니다. 보듬어야 하고, 살펴야 할 누이이기에, 임시인은 애써 남겨놓고 떠나는 마음이 무척 아렸습니다. 떠나 온 자리에서 누이는 늘 그리움의 대상이었고, 언젠가는 회복해야 할 임시인 자신이기도 했습니다.

또한 어머니는 먼 기억 속에 바로 자신이었습니다. 강경에서 올라온 범선이 부강나루에 종착해, 해산물 꺼리들을 내려놓으면, 어머니는 그걸 받아 머리에 이고 하루 종일 걸어서, 염장조기 행상을 하고 다니셨습니다. 멀리 계룡산 천왕봉에 해가 넘어갈 무렵, 합강 물까지 붉게 노을이 일 때, 엄마는 비린내를 풍기며 싸리문을 열고 들어오셨습니다. 어머니 허리띠 전대가 불룩해지는 것보다, 다 못 팔은 조기새끼 한 마리라도 남겨오기를 바랬던 철없던 유년이었습니다. 유년의 기억 속에 어머니는 그렇게 늘 얼굴 보기 어려웠고, 가족 생계를 지탱하시느라 고생 빛이 역력했던 기억이 많습니다. 내가 차지할 내 몫도 없었던 어머니였기에, 어머니의 따뜻한 음성과 눈빛과 손길이 잠시 내게 머물 때에는 그렇게 좋을 수가 없었습니다. 젖이 고픈 아기가 어머니의 젖가슴을 파듯이, 임시인에게 어머니 젖가슴은 쉼이요, 향수요, 고향이나 다름없었습니다. 지천명이 벌써 지난 나이에도 어머니 젖가슴을 그리워하는 것은 어쩔 수 없나 봅니다.

금강 순례는 1년간 지속되었습니다. 발원지인 뜸봉샘에서부터 하구 둑까지 내려오며 우리는 자연을 새로 알게 되었습니다. 사람들이 섞여 흐르는 것을 알았으며, 어느새 마음속에 강이 들어와 있음을 느꼈습니다. '산그늘에 숨 쉬는 금강', '사람이 흐르는 금강', '내 맘에 흐르는 금강'의 순서로 큰 제목이 쓰이는 것은 당연한 일입니다. 강을 대상화

하고, 때문에 강에 접근하지도 않았던 시절, 그것은 순수가 아닌 차라리 무지였습니다. 때문에, 살 닦는 처녀를 담 넘어 몰래 쳐다보는 심정으로 '산그늘에 숨 쉬는 금강' 을 맨 처음에 썼을 수밖에요. 그리고 강 속에 파고들어, 사람들이 신나고, 물결이 신이 나서 함께 어우러져 흘러가는 금강을 '사람이 흐르는 금강' 에서 말하고 있습니다. 이제 강이 내 안에 들어와, 어느새 친구가 되었고, 강의 숨결을 느끼고 물결을 쓰다듬듯, 나와 내 주변을 느끼고 쓰다듬으며, 치유하고 치료받는 '내 맘에 흐르는 금강' 을 노래하고 있습니다.

발길이 머무는 곳에 이름을 묻다

최근, 자연의 혜택을 그간 망각했던 자들에게, 자연은 우리에게 엄중한 사인을 보내고 있습니다. 올 해도 자연의 질서라는 것이 무색하게 자연은 제멋대로 달력을 만들어갔습니다. 「다시 고개를 들어」로 금강 순례를 시작하는 이유는, 바로 생명의 숨결을 잃어버린 미아들에게 보내는 메시지나 다름이 없습니다. 자연의 신호탄이 터지는 날, 상처를 꿰매고, 막힌 숨통을 뚫을 수 있는 과제를 우리는 능히 해낼 수 있는가에 대한 질문을 세상에 던지고 있으니까요.

임시인은 뜸봉샘부터 죽도, 데미샘, 무주의 토끼벼룻길, 잠두마을길, 섬마을, 방우리, 적벽, 영동송호림, 대청호, 벌랏으로 이어지는 금강 상류의 원시적 자연미와 소박한 풍경 속에서 시인이 갖는 특유의 누이 감성을 풀어내고 있습니다. 긴 여정 천리 시작점에서 마른 계곡에 소 눈물만큼의 생명 씨앗을 아낙의 마음을 빌려 같이 흘리고 있습니다「뜸봉샘」. 갯버들도 아직 자고 있는 즈음에 좁쌀 한줌 같은 햇살을 아지랑이에 실어 갯버들 깨워 옹알이하게 하고픈 실바람이 되고자 했습니다「죽도의 봄」. 버드나무 여린 새싹은 중년나이에 스미는 첫사랑 꼬마 아가씨의 싱그런 미소로 느꼈습니다「강가에 서서」. 임시인의 마음은 늘 희망의 상징인 누이처럼, 봄을 꿈꾸고 있었나 봅니다.

물길을 따라 내려오는 여정 동안, 땅 딛고 서 있는 곳마다 장소적 의미를 부여하고 있습니다. 「대소리 세월교」에 앉아 발을 담구며, 거침없이 숨통 발산하며 활기 넘치게 흘러가는 이팔청춘 젊은 금강을 만났습니다. 천릿길 잔잔하게 걸어가다 그도 힘이 들어 머물러 쉴 곳 만든 「방우리」에서 금강에서는 이제 드물어진 주먹돌 향연을 실었습니다「농원마을」. 제멋대로 흐르던 금강 물길이 수통리 사람 사는 안뜰에 비껴주느라, 제방 안에 갇히기 시작하며 천천히 숨고르며 흘러가는 모습을 그려냅니다「적벽강이 흐른다」. 천년만년 살고 지고픈 마을 꿈꾸며 심은 소나무 방풍림이 양산팔경의 비경으로 남게 했음을 통해 선현의 지혜를 담았고「송호림단상」, 죽청교 아래를 걸으며 이곳이 버려진 자갈 무더기인 줄 알았는데, 자갈돌 구르는 소리를 흩어진 자갈들이 만든 거대한 종임을 깨우치게 합니다. 금강 물 홍에 따라 크게도 은은하게도 울리는 거대 석종에 비유했습니다「잃어버린 이름을 찾아」. 금강 길을 그렇게 많이 왔다 갔다 한 저로서도 자갈돌 구르는 소리를 거대 석종에 비유한 것은 참 절묘하다는 생각입니다. 「둔주봉에 오르면」에서는 도시의 불빛을 위해 고향의 불빛이 꺼져야 하는 아픔, 그리고 미안함을 담았는데, 정지용 시인의 향수이자, 잃어버린 우리들의 고향이 물길로 빚어낸 조각품 둔주봉을 우리에게 대신 선물했다고 말했습니다. 맞습니다. 강물이 빚은 조각품이 우리 금강에 둔주봉으로 남아 우리를 기쁘게 하고 있으니까요. 대청호에 이르러, 강물의 아픔을 대신 헤아리고 있습니다. 신물이 나면 더 나올 것도 없이 묽은 색이 아니던가요. 그러나 흘러야 사는 강물이 대청호에 막히면서 급체해 구토하고 오열하고, 토하다 토하다 신물이 대청호를 푸르딩딩하게 물들였음을요, 까마귀가 죽음의 전주곡 앞에서 축제를 벌이는 대청호의 슬픔을 공감하고 있었습니다「대청호의 가을」.

함께 했기에 즐거웠던 사람들

금강을 걸으면서 무지했던 금강의 옹알이를 통해, 긴 잠에서 깨어나고 있습니다. 이제 행복한 시달림의 연속이 시작된 거지요. 거부할 수 없는 신 내림으로 가슴 뚫고 들어오는 감동을 기꺼이 받아들이고 있었습니다. 이제 금강이 말하는 소리를 귀담아 들으며 벅찬 응답을 해야 하는 당위가 글 속에 녹아납니다「자연이 말을 걸었다」. 그러나 그것은 비단 금강이 거기 있어서가 아닙니다. 그곳을 그곳답게 했던 사람들 이야기도 빼놓지 않습니다. 금강탐사에는 가창오리 오는 동네 사람부터 에디슨을 닮은 사람, 조자룡을 닮은 사람, 동네 이장, 자연의 본부장 등 수많은 사람들이 동행했습니다「금강생태탐사대」. 농원마을은 여전히 그곳에 있고, 징으로 피난민의 안식처를 만들고 크고 작은 주먹돌이 별나게 널린 강변이 금강을 기억하기 위해 영화 두편을 상영하는 것을 보면서 걸을 수 있었던 것도 사람이 함께했기 때문이었으리라, 「농원마을」에서 잘도 표현해주시네요. 숲속에 호랑이, 하늘엔 흰꼬리수리가 있다면, 강에는 수달이 대장이었다. 한낱 정복자의 눈에는 수달은 돈벌이 방해꾼으로 전락했기에, 수달은 자신을 변호할 사람을 찾고 있었다. 그 사람은 자연이 속삭이는 생명의 언어를 알아듣고, 들꽃이 전하는 하얀 바람의 춤사위에 덩실거리는 사람, 자연의 주파수와 사람 감성을 동시통역하는 능력이 있어, 자연의 숨겨진 아픔을 사람들에게 보여 줄 수 있는 사람이었으면 한다며 「구인광고」를 냅니다. 그 구인광고의 주인공이 저라는 사실을 저는 잘 압니다. 동시에, 임시인은 자연 앞에 모든 이들이 바로 수달이 찾고 있는 사람이기를 바라고 있습니다. 어쩌면 금강생태탐사대는 수달이 찾고자 하는 가장 근접한 사람들인지도 모르겠습니다. 물웅덩이가 생명공장인지, 함께 살아갈 친구들의 생명 터인지, 걸어보지 않으면 모를 일이지요. 누가 감히 살아있는 어머니에게 돌을 던질 수 있을 것인가. 강이 생명을 품고 있는 어머니라는 것을 알면, 돈벌이이자 놀이동산으로 볼 일은 없을 터이니 말이다「강가를 걸어 보아라」. 맞습니다. 이제 금강탐사대가 왜 강을 걷는지, 제2의 수달이 탄생한 것입니다. 그리고 임시인은 동시에 또 다른 기도를 합니다. 수달이 찾고 있는 사람들이 서로가 서로의 이름을 불러주는 동무가 되어, 있는 그대로의 금강을 사랑하고, 더불어 사는 공동체임을 아는 참 지혜를 배우기를 애절하게 기도하고 있습니다「금강지킴이의 기도」. 나 하나가 아닌, 공동체를 존중하는 평소 신념이 잘 베어났습니다.

치유의 손길을 만나다

임시인은 강이 치유의 손길임을 인식하고 있었습니다. 특히 홀로 자주 마주 대하던 곳인 합강의 강가에서 치유의 힘은 더 크다는 것을 압니다. 왜냐하면 가장 잘 알고, 가장 친숙한 공간이니까요. 합강은 삶이 어깨를 누를 때 가야하는 산 그림자 드리운 곳이었습니다. 그곳에서 지친 삶을 자연에 맞춰 보고자 했고, 자연의 큰 시계에 생활의 무게가 너무도 초라함을 알게 되면, 산들바람으로 되살아나기를 기대하고 있었습니다「보정」. 하루 고되게 일한 퇴근 길, 강가에서 멈춤은 영원한 시간에 접속하여 삶의 숨구멍에 노크를 하는 순간임을 알아차렸습니다「멈춤」. 「치유」에서는 욕심이라는 병원균에 대항하는 면역체를 찾고자, 경쟁 마법을 풀 수 있는 해독제를 찾고자 할 때, 강둑에 나갔습니다. 그러면, 풀의 흔들림과 자유롭게 나는 물새들이 그 해답을 풀 수 있을 거라는 희망을 던져준다고 믿었습니다.

강에게 말을 걸었다

임시인은 영적 역량이 있고 타인보다 매우 강했습니다. 그와 대화를 해보면, 내가 하는 이야기 말고 그 이야기의 전후 좌우를 통시하는 능력이 있습니다. 따라서 말이 길어지기 전에, 핵심을 잘 집었지요. 그것은 그가 다년간 독서하고 사색하고 경청하며 다져진 내재된 능력이었습니다. 모든 대상에 대한 공감능력이 높다보니, 강과의 대화는 일상적이었습니다. 또한 그 대화를 통해서 강의 심연 속까지 들여다 본 자가 갖는 언어를 갖고 있었습니다.

「물은 알지요」에서, 물 한 방울이 강에 흘러, 바다가 되고,

바닷물이 용오름 해, 다시 한 방울이 되는 메커니즘을 역경의 파노라마처럼 읊어대고 있었습니다. 깊은 바다 맨 끝자리 몸부림을 끌어안고 하늘로 오를 것이며, 삶의 끝자락을 잡고 울어 본 사람만이 천지개벽 소용돌이 흑룡이 되어 온 천지에 생명의 단비를 내릴 수 있다고 하였습니다. 참으로 천기누설과 같은 물 한 방울의 엄청난 힘을 보여준 글이었습니다. 그렇게 대단한 힘을 숨기고 있는 강물이기에, "너 어디서 왔니 하고 물으니/ 그냥 배시시 웃는다"라며 성인군자가 행하는 모습으로 강을 그려냅니다. 햇살 받은 강이 얼마나 어여쁜 지는 보고 느끼지 않고는 어려울 일입니다. 저도 경험했지만, 윤슬이 반짝이는 강에서는 초라한 자신도 그렇게 초라하지 않음을 느끼게 합니다. 임시인은 강의 웃음 뒤에 함축한 거대한 음성을 듣고는, 하도 볼품없어 주름진 촌부로 강을 하대한 자신을 자각하고 내 자세를 겸허하게 고쳐야 했습니다「어디서 왔니」. 강에 대한 경외가 느껴지는 대목입니다. 그렇기에 「비닐꽃」에서는 강이 거부할 수 없어 껴안은 비닐 쓰레기마저 버림받은 슬픈 꽃으로 승화시켰습니다. 참으로 강의 있는 그대로를 사랑하려 했습니다. 진심의 사랑은 있는 그대로를 받아들이는 것이니까요. 「참게의 슬픈 노래」에서는 태어나고 보니 도망자 신세가 되어버린 참게의 원죄를 달래주었습니다. 물 바닥의 청소부로 온갖 쓰레기 천한 일 다 한다고 흉보지만, 소명인 청소부로 살고 있음에도, 머릿수를 돈으로 헤아리며 못 잡아 안달인 몸체에 공감해주었습니다. 하구둑으로 인해 장사도 못 치른 총각 붕어 초혼제 지내주고, 세월에 쓰러진 물풀들 장례도 치러주는 그런 삶이 회복되기를 참게를 통해 의인화했습니다. 도망자가 아닌, 청소부로 살고 싶은 참게의 본성이 잘 드러나 있는데, 이는 참게를 포함한 강 생명체의 생태를 이해하지 않고는 쓰기 어려운 표현들입니다. 풍부한 생태지식과 생명사상이 깃들여졌을 때, 사실에 근거한 과학적 사고와 생명존중을 기반으로 한 인문학적 사고가 겸비된 훌륭한 생태 시임에 틀림없습니다. 또 애정을 갖고 볼 때, 더 풍부한 묘사가 이뤄지는 대목을 발견했습니다. 바로 가창오리 군무입니다. 북풍 불면 찾아오는 금강의 손님 가창오리의 군무를 볼 때, 나는 적절한 비유를 찾아내기 참 힘들었습니다. 구름처럼, 신기루처럼 느껴지는 변향을 어찌 묘사할 수 있을까마는, 임시인은 「가창오리 군무」에서 그 모습을 탁월하게 그려내고 있었습니다. 먹구름 비행군단 되어 이 모양 저 모양 묘를 부리다가, 요술램프로 들어가는 지니 마냥, 서천 앞바다에 커다란 이불을 깐다. 평소 임시인이 품고 있던 서정성 깊은 동화적 표현은 가히 압권이었습니다.

강물이 가슴에 흐르니

임시인에게 누이, 어머니는 삶의 궤적을 반영하는 방향성과 관계하는 단어입니다. 반면 시인 삶에 질감을 그려내는 공동된 매체의 언어는 바로 사랑입니다. 시인은 모든 영성에 사랑을 기반으로 했습니다. 따라서 사랑은 빈 곳과 헐벗은 자와 힘없는 계층과 생명 있는 모든 것들의 시간 장소까지도 사랑을 덧입혔습니다. 나는 시인에게서 누이와 어머니라는 단어 다음으로 사랑이란 단어를 많이 들었습니다. 사랑은 본디 원천적 본능이기에 천하게 볼 수도 있지만, 숭고한 희생을 동반하기에 비로소 사랑이라 할 수 있다고 하였습니다 「사랑」. 사랑은 보이지 않지만, 하늘로 올라가는 순간에는 향기로 그 무게를 가늠하니, 내 사는 동안 사랑의 무게를 늘리기 위해 재가 될 때까지 향기를 키우리라는 다짐이 있었습니다「사랑의 무게」. 사랑을 목숨처럼 여기는 임시인의 삶의 철학이 담겨있습니다.

강의 친구가 되어 강의 숨결을 느끼는 단계에 이르니, 강에서 시인은 자연스레 독백을 합니다. 한때는 독백을 넘어 강에서 기어이 참던 울음을 터뜨리고 맙니다. 남편을 일찍 여의고 평생 생계를 책임지며 자식바라기로 살아오신 어머님을 오래 간병하다 저 세상으로 모신 지 얼마 되지 않았습니다. 때문에 사람 노릇 하며 살려고 발버둥을 치며 생존의 늪에서 허우적거릴 때 지친 영혼을 달래던 곳이 어머니의

곁이었습니다. 그는 많이 외로웠습니다. 아파 울고, 슬퍼 울고, 기어이 외로움에 울게 된 시인입니다. 남모르게 감췄던 속울음을 글로써나마 터뜨려보는데, 모든 울음 가운데, 외로움이 가장 아프다고 하였으니, 어머님을 여읜 슬픔의 크기를 알 것 같습니다「속울음」. 그러나 슬픔을 딛고 삶의 내일을 발견한 「다시 나를 본다」를 통해 나는 매우 기쁨을 감출 수 없었습니다. 시인은 자신이 지쳐있음을 알아차렸다는 것의 반증을 바다를 찾아 헤맨 물고기가 스스로 그간의 길이 먼 길이었음을 자각했다고 표현한 대목입니다. 벗어나려 하면 더 깊게 빠졌던 날들, 지쳐 쓰러진 자리가 내일로 이어지지 않고 멈춰있던 날들. 그러나 이제 순환버스에서 내려 문득 들꽃 하나 바라보니, 어제의 이슬비에 나를 향해 방긋 웃고 있지 않았나. 나는 매일 매일을 그 자리에서 변화 없이 살고 있었는데 말입니다. 꽃에 묻은 빗방울을 통해, 자신의 내일을 약속하고 있었습니다.

임시인에게 어머니 이상으로 아내는 각별했습니다. 아내를 꽃에 비유한 「꽃」에서, 세상에서 사랑을 먹고 자라는 꽃이 있다면 그것은 아내일 거라고 하였습니다. 사랑을 먹고 자라야 하는 것은 많습니다. 모든 생명 있는 것들은 사랑이 필수 동반되어야 합니다. 그렇지 않고는 이기적 유전자일 뿐이니까요. 하필이면 그 많은 생명 가운데 꽃이었을까요. 가슴 깊은 곳에서 나온 사랑을 주면, 무슨 힘이 그리 강한지

비바람, 폭풍우가 몰아쳐도, 꺾이지 않고 꽃밭을 온몸으로 막아 낸다. 이것이 아내의 힘이고, 사랑의 힘임을 보여주고 있습니다. 그래서 아내는 위대한가 봅니다. 또한 「대화」에서는 아내와 만들어가는 삶의 결이 보이고 있습니다. "산보 중에 아내가 잔주름이 늘었다 하여/ 나는 사랑나무 향기가 더 짙어지는 증표여 하고/ 글을 본 아내가 언제 꽃다발을 주었느냐 따지니/ 나는 이렇게 살았으면 하는 바람이여 능청을 떤다." 모두 현실적일 수 없고, 모두 이상적일 수 없는 것이 삶이 아닐까요. 이렇듯 현실과 이상이 다정하게 손잡고 걸어가는 대화를 통해, 가지런한 삶의 결을 엿볼 수 있었습니다.

3. 강의 숨결을 보았다

우리 삶의 결도 시로 표현되는 노래가 이상적이기만 하면, 너무 멀기만 합니다. 비단처럼 화려한 말의 잔치에 현혹되기 쉬운 때입니다. 이럴 때 일수록, 과학적이고 생태적인 정보와 사고를 근간으로 한 절제된 말과 글이 필요합니다. 정확한 생태지식과 높은 생태감성을 소유한 임시인이기에 『금강순례』가 더 소중한 가치를 갖는 것 같습니다.

강을 지켜내고자 하는 수달의 친구들이 더 많아지고 있습니다. 강이 오롯이 스스로 치유하도록 시간이 흐르고 있습니다. 강이 더 많은 생명을 품고, 더 강다움을 찾으면, 강은 우리에게 더 많은 치유와 희망과 삶의 고른 결을 선물하겠지요. 임시인과 금강 순례를 함께 했던 동료이자 수달의 친구인 저는 『금강 순례』를 통해, 강의 더 깊은 품을 이해하고 사랑하게 되었습니다. 강에는 물결만 있는 줄 알았는데, 숨결이 있다는 것을 알게 되었습니다. 강의 숨결이 따뜻한 어머니와 누이 같은 숨결이라는 것을 말입니다.